Allá donde florecen los framboyanes

por Alma Flor Ada

con ilustraciones de Antonio Martorell

ALFAGUARA

A Samantha Rose,
al empezar a brotar tu vida.
—A.F.A.

Título original en inglés:
Where the Flame Trees Bloom

© Del texto: 1994, Alma Flor Ada
© De las ilustraciones: 1994, Antonio Martorell
© De esta edición:
2000, Santillana USA Publishing Company, Inc.
2105 NW 86th Avenue
Miami, FL 33122

Alfaguara es un sello editorial del **Grupo Santillana**.
Éstas son sus sedes:

ARGENTINA, BOLIVIA, CHILE, COLOMBIA, COSTA RICA,
ECUADOR, EL SALVADOR, ESPAÑA, ESTADOS UNIDOS,
GUATEMALA, MÉXICO, PANAMÁ, PERÚ, PUERTO RICO,
REPÚBLICA DOMINICANA, URUGUAY Y VENEZUELA.

ISBN: 1-58105-658-3

Impreso por Panamericana Formas e Impresos S.A.

Impreso en Colombia — Printed in Colombia

Índice

∞

Saludo

∞

Nací en Cuba, la mayor de las islas del Caribe. Cuba es una isla larga y estrecha. Si uno mira el mapa de Cuba con un poquito de imaginación, la isla parece un gran caimán descansando en el agua. La parte occidental de Cuba está muy cerca de la Florida, mientras que la parte oriental está muy cerca de la República Dominicana y Haití. En clima y belleza natural, Cuba se parece mucho a Puerto Rico. De hecho, los cubanos y los puertorriqueños comparten una historia común, que es la razón por la cual una poetisa puertorriqueña dijo que "Cuba y Puerto Rico son, de un pájaro, las dos alas".

Cuba tiene cadenas de montañas cubiertas de bosque tropical en los dos extremos de la isla, y en el centro. Entre estas cadenas de montañas se extienden tierras llanas y fértiles. Yo nací en las llanuras orientales de la isla, en la región ganadera, en las afueras de Camagüey, una ciudad de casas de ladrillos, con techos de tejas, y macizas iglesias de piedra, que en el pasado habían servido no sólo como templos sino también como refugio contra los piratas. Las altas torres habían permitido a los vigías avistar a los bucaneros, que hacían frecuentes incursiones para apoderarse del ganado.

Nací en una vieja casona, la Quinta Simoni. Mi bisabuelo, Federico Salvador Arias, se la había regalado a mi abuela, Dolores Salvador Méndez, su hija. La más joven de mis tías, Lolita, nació en esa casa. Una generación más tarde, nací yo allí también, y allí nacieron mi hermana Flor y mis primas, Nancy y Mireyita.

Aunque la casa era grande, no éramos ricos. Viví, sin embargo, rodeada por la riqueza que representa una familia. Por algún tiempo, abuelos, tíos y primos, vivimos todos bajo el mismo techo. Pero, durante los primeros siete años de mi infancia, fui la única niña en aquella casona, aunque mis dos primos mayores venían ocasionalmente de visita.

La casona tenía también mucha historia. Fue construida como hacienda colonial por una familia italiana, los Simoni. En la hacienda se sembraba, se criaba ganado, se curtían las pieles, se hacían ladrillos, tejas y cacharros de la roja arcilla que había junto al río. Por supuesto, todo este trabajo lo hacían las personas que los Simoni mantenían como esclavos.

Mucho más tarde, durante mi infancia, la casa se había envejecido. Los jardines estaban descuidados y la fuente del centro del jardín quedó cegada con tierra en la que crecían helechos. Detrás de la casa todavía existía la "cuartería", los cuartos de los antiguos esclavos. Como prueba de las cosas horribles que los seres humanos pueden hacer unos contra otros, había un calabozo, la prisión donde habían mantenido a veces a los esclavos encadenados a los grillos que todavía estaban en las paredes.

En la época de la Colonia, una de las dos hijas de la familia Simoni, Amalia, se casó con Ignacio Agramonte, uno de los patriotas cubanos que luchó por la libertad y la independencia de todos los que vivían en Cuba. Uno de los primeros actos de la Revolución Cubana de 1868 fue declarar la libertad de los esclavos.

Nuestra familia se sentía orgullosa de que nuestra casa estuviera relacionada con la lucha por la libertad. Para mí, el pasado estaba lleno de preguntas sin respuesta. ¿Cómo puede alguien pensar que es posible ser dueño de otra persona o controlar su vida? Y, ¿por qué vivíamos tan orgullosos de la libertad y la independencia cuando había niños descalzos y hambrientos por las calles?

A pesar de estas preguntas, y de que a veces me parecía sentir el llanto de los hombres esclavizados, el llanto que seguramente nunca había salido de sus labios, la vieja casona era para mí un mundo mágico. Mi abuela criaba gallinas, patos, gansos y, porque le encantaban las cosas hermosas, tenía una bandada de pavos reales. Los pavos reales se posaban en las altas ventanas del comedor que se abrían al jardín. Anidaban sobre un gran arco blanco de mampostería, que se erigía, camino del río, como una réplica del gran Arco de Triunfo que había visto en los libros franceses de mi abuelo. En el cielo raso del portal anidaban murciélagos; y, en la azotea, palomas. Mi madre recogía cuanto gato abandonado se encontraba y el jardín bullía con lagartijas, caracoles, ranas y sapos, grillos y saltamontes. Escondida en las ramas de un árbol cercano vivía una familia de cernícalos; pero entre todos estos seres vivientes, mis mejores amigos eran los árboles.

Grandes, firmes, fuertes, me ofrecían su amistad en mil formas distintas. Las verdes copas me recibían, durante las horas de mayor calor, con su sombra deleitosa que me permitía quedarme al aire libre y a la vez estar protegida del sol tropical. Y no importaba si estaba triste o feliz, siempre me acogían.

Los framboyanes centenarios formaban una avenida que llevaba al arco blanco y al río. Nudosos por la edad, sus grandes raíces me ofrecían un nido en el que me acurrucaba, protegida y segura. Las raíces, curadas por el tiempo, eran gratas al tacto, y yo las acariciaba, como se acaricia una mano amiga.

El viejo río Tínima, que se arrastraba en curvas y meandros por la quinta, había formado una isla bastante grande detrás de la casa. Muchos años atrás, la habían sembrado de frutales. Ahora, los árboles maduros ofrecían generosos su fruta, variadas sorpresas, más deliciosas que cualquier dulce salido de nuestra cocina. Agridulces marañones, como relucientes campanas, amarillo brillante o rojo intenso, cada uno con su deliciosa semilla colgándole debajo; las semillas de marañón que a mis tíos Manolo y Lolita les encantaba asar en una hoguera junto al río; los tamarindos, dulces y agrios a la vez, con los que hacíamos un refresco delicioso; los caimitos, redondos como pelotas de béisbol, con lisa cáscara de un brillante morado y una pulpa delicada y blanca como la leche. Y luego, docenas de cocoteros, cuyas pencas se movían con la brisa y cuyo fruto era el más preciado.

El agua de los cocos tiernos es fresca y dulce. A medida que los cocos maduran, el agua se va convirtiendo en una masa suave como gelatina. Nos encantaban cuando la masa se hacía más firme, pero quedaba todavía suave y dulce. Cuando se volvía dura y seca, la usábamos para hacer dulces. Y por último, lo más apreciado, por lo difícil de conseguir. Si un coco grande y sano se dejaba por varias semanas, quizá incluso por varios meses, con la temperatura apropiada, en un lugar húmedo y sombrío, era posible que retoñara. Y si retoñaba, y alguien sabía abrirlo en el momento preciso, podían encontrar que la masa firme y seca se había desprendido de la cáscara y se había concentrado en el centro del coco, una bola suave y porosa, la "manzana del coco", deliciosamente dulce.

En una de las orillas de la isla formada por el río crecía un pequeño bosque de bambú, que en otras partes de Cuba llaman cañas bravas y, en Camagüey, pitos. Allí colgaba mi abuela su hamaca para descansar cada tarde, por un rato, entre sus dos trabajos, el de directora de una escuela primaria en las mañanas y el de directora de una escuela de mujeres por las noches. El susurro del aire entre los pitos y los cocoteros creaba una serena y encantadora melodía. Aunque vivíamos tierra adentro, a un par de horas de la costa, hacía pensar en la brisa marina, con sus rumores de tierras distantes y lugares remotos.

Crecí rodeada de gente cariñosa y fascinada por toda la vida a mi alrededor, pero fue a los árboles a quienes les conté mis penas y mis alegrías y, sobre todo, mis sueños.

Los árboles, como la familia, crecían y sus ramas se multiplicaban. Algunos, como los framboyanes, eran fuertes y parecían eternos. Otros se cargaban de frutas y retoños. Cada uno a su manera parecía reflejar la vida que me rodeaba, la vida que recogen los cuentos que aquí cuento.

Estos cuentos ocurrieron en distintas épocas. Algunos ocurrieron antes de que yo naciera y luego me los contaron. Otros ocurrieron mientras crecía, hasta que cumplí diez años. La mayoría tuvo lugar en la vieja Quinta Simoni, donde viví hasta que tenía ocho años. Otros son más bien estampas de la ciudad de Camagüey, adonde nos mudamos luego. Pero aun en la ciudad nunca estuve muy lejos, afortunadamente, de los árboles, meciéndose majestuosamente en las brisas tropicales, o, como los framboyanes, estallando en encendidas flores rojas... y como mi familia y sus cuentos... floreciendo... floreciendo... floreciendo...

Al compartir estos relatos me parece estar viendo las esbeltas palmas, los cocoteros gráciles y los framboyanes encendidos. Y deseo que la inspiración que continúo recibiendo de estos amigos de mi infancia, a su vez, llegue a otros corazones.

La maestra

La madre de mi madre, mi abuela Dolores, a quienes todos llamaban Lola, llenó mis primeros años con el júbilo de la naturaleza y con historias fascinantes. Las acciones de los dioses y diosas griegos, las hazañas heroicas de los patriotas cubanos, me eran tan familiares como la vida diaria de las dos escuelas de las que era directora: una escuela primaria pública durante el día y una escuela nocturna para mujeres trabajadoras.

No es por lo tanto extraño que en la familia haya tantos cuentos sobre esta mujer que era a la vez una intelectual y una mujer práctica, que se cortó el pelo y las faldas antes que nadie en nuestro pueblo, que creó una revista literaria, fundó escuelas, despertó una gran pasión en el poeta que se casó con ella, mi abuelo Medardo, y crió cinco hijos, así como varios sobrinos y sobrinas, mientras dirigía un internado y una finca.

Uno de mis relatos favoritos sobre ella, me lo contaron mi madre y mis tías Mireya y Virginia, puesto que las tres estaban presentes cuando sucedió. A diferencia de muchas otras historias de la familia, que cambian y se embellecen, según quien las cuenta, esta historia la he oído siempre igual. Quizá, porque la historia misma tiene demasiada fuerza para que se la embellezca, o porque los hechos se grabaron muy vívidamente en quienes los presenciaron.

A mi abuela Lola le encantaba enseñar al aire libre. El menor pretexto le servía para sacar a la clase bajo los árboles. Esta historia tuvo lugar durante una de esas clases al aire libre, en la época en que ella y su marido, mi abuelo Medardo, dirigían un internado en la Quinta Simoni, la finca que ella había heredado de su padre y donde luego yo nacería.

Rodeada de sus alumnos, que incluían a tres de sus propias hijas, mi abuela enseñaba una lección de gramática. De repente se interrumpió.

—¿Por qué —les preguntó a sus alumnos— no hablamos de las cosas que son verdaderamente importantes? De la responsabilidad que tenemos para quienes nos rodean. Acaso sabemos sus sentimientos, sus necesidades. Y es tanto lo que podríamos hacer unos por otros...

Los alumnos escuchaban en silencio, fascinados. Sabían que su maestra a veces se apartaba del tema de la lección para compartir con ellos sus propias reflexiones. Y también sabían que ésas eran sus más importantes lecciones. A veces podía ser graciosa y humorística. Otras, les tocaba el corazón. Y por eso escuchaban.

—Miren —continuó mi abuela, apuntando al camino que bordeaba la finca. Los alumnos vieron a un anciano que caminaba solitario—. Miren a ese anciano. Va a pasar frente a nosotros. En unos minutos se habrá ido para siempre, y nunca sabremos quién es, adónde va, qué puede importarle en la vida.

Los alumnos observaron al hombre, que se había ido acercando. Era muy delgado, y la tosca guayabera colgaba sobre su figura encorvada. Su rostro, sombreado por un sombrero de guano, estaba arrugado y quemado por el sol.

—Bueno —continuó mi abuela—, ¿dejamos que se vaya, para siempre desconocido, o quieren acercársele y preguntarle si hay algo que podemos hacer por él?

Los alumnos se miraron unos a otros. Por fin, una chica dijo:

—¿Quiere que le pregunte?

Y, como mi abuela hizo una señal de aprobación, la chica se levantó y se dirigió hacia el camino. Varios de los alumnos la siguieron, entre ellos mi madre y mis tías.

Al verlos acercar, el hombre se detuvo.

—Quisiéramos saber quién es y adónde va —preguntó la alumna—. ¿Hay algo en que podamos ayudarlo? —añadió Mireya.

El hombre estaba completamente sorprendido.

—Pero, ¿quiénes son ustedes? —fue lo único que pudo contestar.

Los alumnos entonces le explicaron de dónde provenían sus preguntas. El anciano los miró. Luego les contó que no tenía a nadie, que había viajado una larga distancia esperando encontrar a unos parientes lejanos, pero que no había logrado encontrarlos.

—No soy sino un pobre viejo —concluyó—, buscando un lugar para echarme a morir. De hecho, me dirigía a esa ceiba.

Y señaló un gran árbol que crecía junto al camino, no muy lejos de allí.

—Voy a acostarme a su sombra, para esperar a la muerte.

—Por favor, no se vaya —fue todo lo que los alumnos pudieron decir. Corrieron a contarle a la maestra lo que el hombre les había dicho, que estaba planeando tirarse bajo un árbol a esperar la muerte.

—¿Qué creen que debemos hacer? —les preguntó mi abuela. Los alumnos lanzaron distintas ideas. El anciano podía ir al asilo de ancianos. Quizá debían llevarlo al hospital. O quizá la policía sabría qué hacer...

—¿Eso es lo que querrían que sucediera si se tratara de ustedes mismos? —preguntó mi abuela.

Los alumnos llevaron al hombre a nuestra casa. Mi abuela le dio un cuarto. Los chicos le hicieron la cama, le prepararon algo de comer. Un médico determinó que todo lo que tenía era cansancio y mala nutrición. Le llevó varios días recuperarse, pero pronto estaba de nuevo en pie. Vivió con mi familia por muchos años, hasta que una mañana amaneció apaciblemente muerto en la cama. Durante todos esos años, ayudaba en el jardín, alimentaba las gallinas o se pasaba largos ratos silbando en el portal del patio de atrás. Pero no había nada que le gustara más que sentarse al fondo del aula, o bajo los árboles, y escuchar a mi abuela enseñar.

Decisiones

La familia de mi padre y la familia de mi madre eran tan distintas como un arroyuelo de las montañas y el vasto océano. La familia de mi padre era pequeña, en contraste con la de mi madre, con sus muchos tíos y tías, primos hermanos y primos segundos, tías abuelas y tíos abuelos. Pero no sólo era grande la familia de mi madre, sino también alegre, vivaz y aventurera, mientras que el padre de mi padre y sus hermanos eran callados y rara vez hablaban de cosas personales.

Casi todas las noches, mi familia se reunía a conversar y a contar cuentos de la familia de mi madre. A través de esos cuentos, personas que nunca había visto me parecían tan familiares como las que vivían allí mismo. Me parecía haber oído sus voces y haber sido parte de sus aventuras. Pero la historia que quisiera compartir ahora es una que me contó el padre de mi padre, una historia que ha permanecido vívida en mi memoria y que ha decidido quién soy hoy.

Mi abuelo Modesto venía todas las tardes de visita, siempre con un cigarrillo entre sus dedos amarillos. Me daba palmaditas en la cabeza, o un beso formal en la frente, y luego se sentaba a conversar con mis padres sobre los acontecimientos sociales y políticos del día. Me parecía muy sabio y a la vez adulto y distante. Era un hombre alto y robusto y, aunque lo escuchaba fascinada, sentía que pasarían muchos años antes de poder compartir experiencias con él.

Una tarde cuando llegó, mis padres habían salido y yo era la única en casa. Se sentó a esperarlos en el comedor, la habitación más fresca en la casa de la ciudad a la que nos habíamos mudado en esta época. La casa estaba quieta y silenciosa, con la quietud tan profunda en los trópicos durante la parte más calurosa del día. Como de costumbre, en esta casa sin árboles, yo estaba enfrascada en un libro. Entonces, mi abuelo me llamó y me indicó que me sentara en sus rodillas. Me sorprendió este gesto de afecto. Ya tenía casi diez años y él nunca nos pedía que nos sentáramos a su lado. Pero agradecí la invitación de acercarme a este hombre que me parecía tan remoto y a la vez tan sabio. Nunca supe qué lo motivó a contarme la historia que me relató ese día, pero siempre la he atesorado:

"Probablemente sabes que yo fui muy rico en una época —comenzó a decir, y, como yo asentí, continuó—. Tenía sólo doce años cuando me fui de España y vine a Cuba. Mi padre había muerto, y como mi hermano mayor era arrogante y cruel, decidí escaparme de nuestra casa en La Coruña. Deambulé por el puerto hasta que alguien me señaló un barco que estaba a punto de partir, y logré esconderme a bordo. Un marinero me descubrió poco después de haber salido del puerto, pero el capitán dijo que podía viajar con ellos, y cuando llegamos a La Habana me ayudó a desembarcar. Busqué trabajo y, afortunadamente, el dueño de una ferretería me empleó. ¡Me hizo trabajar durísimo! Limpiaba la tienda y ayudaba en todo lo que hiciera falta. Tenía que dormir en el almacén, sobre unos sacos vacíos; pero aprendí el negocio.

"Un día, un americano entró a la tienda con un aparato sorprendente que tocaba música de unos discos negros y redondos. Lo había traído de Estados Unidos y se llamaba gramófono. Me dejó maravillado y emocionado. Imagínate, un aparato que podía traer la voz del gran cantante de ópera Enrico Caruso a cada hogar. Me puse de acuerdo con el hombre y empecé a vender gramófonos. Al cabo de un tiempo, pasé a ser el representante principal en Cuba de la RCA, la compañía que producía los gramófonos. Viajé por toda la isla. Me encantó la tierra cerca de Camagüey, y comprendí que se podía criar muy buen ganado en esas praderas fértiles, así que compré tierra. La tierra era todavía más valiosa de lo que pensé, y me hice rico."

Hizo una pausa. Aunque todavía yo no comprendía el sentido de la palabra nostalgia, ahora sé que eso es exactamente lo que vi en sus ojos.

"Los años pasaron —continuó—. Me casé con tu abuela y tuvimos cuatro hijos. Luego, ella se enfermó. Como estaba demasiado enferma para viajar, hice venir a un médico a la hacienda. Hizo todo lo que pudo, pero ella no mejoró.

"Una noche, un jinete apareció en un caballo exhausto. Era mi apoderado de negocios en La Habana. Había viajado sin descanso desde la estación de ferrocarril en Camagüey y, cuando lo observé, me di cuenta de que lo que veía en su cara no era sólo cansancio sino pánico. 'Tiene que irse a La Habana inmediatamente —me urgió—. Hay una crisis financiera y la economía se va a la quiebra. Es urgente que vaya a la capital en persona para que saque todo su dinero del banco, o lo perderá.' Consideré las noticias alarmantes que me había traído, mientras él me miraba con impaciencia, sin comprender por qué no ordenaba que ensillaran caballos que nos llevaran a la estación. Pero, ¿iba yo a dejar a tu abuela? En aquel momento no tenía idea de lo gravemente enferma que estaba, pero sabía que sufría y que mi presencia a su lado era importante para ella."

Hizo una nueva pausa y vi que su mirada había cambiado. El nuevo sentimiento que se reflejaba en sus ojos era reconocible para mí, aun entonces. Mis ojos deben haber tenido la misma expresión el día que encontré muerto en nuestro patio un pajarito, que hasta hacía un momento estaba vivo.

Mi abuelo terminó su cuento:

"No regresé con él. Tu abuela no se mejoró y la economía se fue a pique antes de que pudiera sacar mi dinero del banco. Ya no era rico. Pero había estado junto a tu abuela hasta el fin, y sostuve su mano en la mía mientras moría."

Miré la mano de mi abuelo, una mano que cubría la mía. Y supe que no necesitaba esperar hasta crecer para compartir mis sentimientos y para comprender a mi abuelo Modesto.

No queda nadie que recuerde a María Rey Paz, la abuela que nunca conocí. Y probablemente quedan muy pocas personas todavía que recuerden a mi callado pero profundo abuelo Modesto. Sin embargo, sé que estos antepasados míos viven en mis hijos, que siempre han sabido, desde muy pequeños, qué decisiones tomar cuando se trata de aquellos a quienes quieren.

El agrimensor

Mi padre, que se llamaba Modesto como mi abuelo, era agrimensor. Algunos de los más deliciosos
momentos de mi niñez los pasé a caballo, en viajes en que él
me dejó acompañarlo mientras trazaba los linderos de
pequeñas fincas en el campo cubano. Algunas veces dor-
míamos bajo las estrellas, en hamacas colgadas de los troncos
de los árboles, y bebíamos el agua fresca de los manantiales.
Siempre nos deteníamos a recibir el saludo cariñoso en los
humildes bohíos campesinos, y mis ojos se recreaban con el
verdor del monte coronado por las susurrantes palmas reales.

Algunas veces se trataba de medir grandes extensiones
de tierra. En esos casos, mi padre trabajaba con un equipo y yo
me quedaba en casa. Pero cuando él regresaba, me contaba
cuentos de esos viajes. Como muchos de los trabajos de agri-
mensura implicaban dividir la tierra que una familia había

heredado tras la muerte de los padres o parientes, la mayor preocupación de mi padre era que se hiciera justicia. No bastaba con dividir la tierra en porciones iguales. Tenía que asegurarse de que todas las parcelas tuvieran acceso a los caminos, a las fuentes de agua, al suelo más fértil.

Los límites de las familias latinoamericanas no se reducen al nacimiento o al matrimonio. Los buenos amigos que pasan tiempo con la familia y comparten sus experiencias se convierten en miembros de la familia. Esta historia, sobre uno de los trabajos de agrimensor de mi padre, no es sobre alguien relacionado por nacimiento o matrimonio a la familia, sino sobre un miembro de la familia extendida.

Félix Caballero, un agrimensor a quien mi padre siempre deseaba tener en su equipo, era distinto de los demás agrimensores. Era algo mayor, soltero y excesivamente callado. Venía de visita a nuestra casa a diario. Una vez que llegaba, se sentaba en uno de los cuatro balances de la sala para escuchar las animadas conversaciones de los demás. Su única contribución a ellas era un asentimiento con la cabeza o, si acaso, un monosílabo. Mi madre y sus hermanas a menudo se reían de él, sin que él lo supiera. Aunque no lo decían, me daba la impresión de que se preguntaban por qué mi padre lo tenía en tan alta estima.

Un día, mi padre nos contó esta historia.

"Nos habíamos pasado todo el día caminando por terreno montañoso. Se acercaba la noche. Todavía nos faltaba un largo trecho para regresar adonde habíamos dejado los caballos, así que decidimos cruzar al otro lado de las montañas, y muy pronto nos encontramos frente a un hondo barranco. Sobre el barranco había un puente de ferrocarril, largo y estrecho, construido para los trenes de caña. No tenía barandas ni lugar para caminar por él, sólo las vías descansando sobre gruesos travesaños suspendidos en lo alto.

"Todos estábamos enojados de tener que descender por el barranco sólo para volver a ascenderlo al otro lado, pero la solución sencilla de cruzar el puente parecía muy arriesgada. Y, ¿si aparecía un tren de caña? ¡No habría adónde ir! Así que empezamos el largo descenso… todos, excepto Félix. Él decidió arriesgarse a cruzar el puente del ferrocarril. Todos tratamos de disuadirlo, pero no lo logramos. Usando un viejo método para averiguar si viene un tren, él puso el oído contra la vía para probar si se escuchaba alguna vibración. Como no oyó ninguna, decidió que no había ningún tren en las cercanías. Y comenzó a cruzar el largo puente, de traviesa en traviesa, entre los rieles, balanceando en el hombro las largas varas de agrimensor, rayadas de rojo y blanco.

"Ya iba por la mitad del puente cuando oímos el terrible sonido de una locomotora. Todos nuestros ojos se fijaron en Félix. Sin duda, él tenía que haberla oído también, porque se había detenido a mitad de puente para volver la cabeza.

"Al aumentar el sonido, y pensando que no había ninguna otra solución, todos le gritamos: '¡Tírate! ¡Tírate!', sin saber si nuestras voces llegarían hasta donde se encontraba tan alto. Félix miró al lecho del río que, debido a que era la estación de la seca, tenía muy poca agua. Tratamos de animarlo, con gestos y más gritos, pero él había dejado de mirar hacia

27

abajo. No podíamos imaginarnos qué iba a hacer, agachado sobre los rieles, con la locomotora del tren ya en la cercanía. Y, entonces, comprendimos.

"Sabiendo que no podía tratar de agarrarse de las gruesas traviesas, Félix colocó sus delgadas pero resistentes varas de agrimensor sobre las traviesas, paralelas a los rieles. Luego dejó que su cuerpo se deslizara entre dos de las traviesas, sujeto de las varas. Y allí se quedó colgado, debajo del puente, suspendido sobre el abismo, pero a salvo del paso del tren.

"El tren de caña era, como ocurre con frecuencia, un tren muy largo. A nosotros nos pareció interminable. Uno de los agrimensores más jóvenes dijo que había contado doscientos veinte vagones. Iba anocheciendo, y, con el humo y las sombras del tren, a menudo era difícil ver a nuestro amigo. No habíamos oído ningún sonido humano, ningunos gritos, pero ¿qué podíamos oír con todo el ruido del tren que cruzaba sobre nuestras cabezas?

"Cuando el último vagón empezó a hacer una curva alrededor de la montaña, logramos distinguir la figura solitaria de Félix todavía colgando bajo el puente. Todos observamos con cuidado a medida que se incorporaba y al fin empezaba a caminar, lenta y calmadamente, por las traviesas hasta el otro lado del abismo."

Después que oí este cuento, Félix Caballero me pareció otro. Todavía era tan callado como siempre, inspirando sonrisas en mi madre y sus hermanas mientras se mecía silenciosamente en el balance. Pero en mi imaginación lo veía cruzando aquella garganta peligrosa, deteniéndose a pensar en qué hacer para salvar la vida, saliendo todo cubierto de hollín y humo, pero triunfalmente vivo, un hombre solitario, colgando de un puente de ferrocarril al anochecer, suspendido de varas de agrimensor sobre un barranco rocoso.

Si había tanto valor, tal calma para confrontar el peligro en el hombre envejecido y callado que se mecía en nuestra sala, ¿qué maravillas no habría escondidas en cada alma humana?

El rayo

ᴏ

Mario, el hermano menor de mi padre, era maestro rural. Para llegar a la escuela donde enseñaba tenía que tomar el tren y luego viajar varias horas a caballo.

La escuela era un bohío, una de las cabañas del campo
cubano, hecho de tablas de palma real y techado con palmas
de guano. Los estudiantes se sentaban en bancos; tres, cuatro,
y en los días en que la asistencia era buena, cinco en un
banco. Pero la asistencia rara vez era buena. En el campo, las
niñas a menudo se quedaban en casa para ayudar con los her-
manitos menores, para lavar la ropa o juntar leña para el
fogón. Los niños a menudo faltaban a la escuela porque
tenían que ayudar en el campo, sembrando, desyerbando,
cosechando. En general, nadie creía que la escuela pudiera
mejorar mucho sus vidas y, por lo tanto, no veían grandes
razones para asistir.

Mi tío regresaba a casa cada viernes por la noche, cansado, exhausto y algo deprimido. "¿De qué vale?", le oí decir con frecuencia. Y pronto él también empezó a faltar a la escuela cada vez que podía.

A menudo, los lunes, se le hacía tarde y perdía el tren. Un dolor de estómago, un catarro común eran razones para no viajar. Muchas veces iba los martes, y la semana se convertía en cuatro días. Otras veces regresaba los jueves por la noche.

"Había pocos alumnos esta semana —decía—. Los viernes asisten aun menos, por eso regresé."

Mi padre nunca lo criticaba. Desde que había muerto su madre, cuando mi padre tenía quince años y mi tío sólo diez, mi padre se había ocupado de Mario. Pienso que los recuerdos de su común pérdida, su tristeza de haber sido enviados internos y la soledad que ambos sintieron, hizo que mi padre tuviera gran compasión por su hermano. Y aunque Mario ahora era un hombre, mi padre continuaba protegiéndolo. Mi madre, por el contrario, constantemente regañaba a mi tío: "¿Cómo van los niños a apreciar su educación, si tú no la valoras? Podrías hacer tanto por ellos..."

Mario era persona de pocas palabras. No le gustaban las discusiones y nunca trataba de defenderse. De hecho, rara vez hablaba mucho.

Yo podía ver el problema de mi tío. Éramos su única familia y, sospecho, sus únicos amigos. Debe hacer sido difícil para él que mi madre lo regañara, pero él seguía callado, y continuaba pasando los fines de semana con nosotros.

Pero un viernes en la tarde, Mario no vino como de costumbre a comer. Y para nuestra sorpresa, tampoco apareció el sábado por la tarde, ni el domingo. Mi madre le preguntó a mi padre, mi padre le preguntó a mi abuelo, pero nadie parecía saber dónde estaba.

No lo vimos tampoco a la semana siguiente. Todos se preguntaban, preocupados, cómo estaría. Había llovido mucho, así que quizá los ríos habían crecido y no había podido cruzarlos. Después de todo, él había usado esta excusa con frecuencia para evitar regresar a la escuela los lunes. Quizá esta vez realmente había ocurrido.

El siguiente fin de semana no había noticias de mi tío. Aunque mi padre se sentía cada vez más alarmado, no había teléfono ni telégrafo que pudiera llegar al lugar remoto en el campo donde estaba la escuela.

Tres semanas más tarde, Mario regresó, pero parecía otro hombre. Su piel, normalmente pálida, estaba quemada por el sol, y sus uñas, de costumbre cuidadosamente pulidas, estaban sucias y rotas. Necesitaba cortarse el pelo. Pero, por primera vez, se veía fuerte y saludable.

No dijo nada de su ausencia. Y, como si nos hubiéramos puesto de acuerdo, nadie la mencionó tampoco. Nos sentamos a almorzar.

Estábamos disfrutando los frijoles negros con arroz, los plátanos maduros fritos, cuando descubrí en la muñeca de mi tío una marca, una postilla amarilla oscura, en el lugar donde normalmente llevaba el reloj de pulsera.

—Tío, ¿qué es eso? —no pude sino preguntarle.

—Oh, eso... Fue el rayo.

Hubo un momento de silencio. Mi madre puso sobre la mesa la jarra de agua de coco, aunque su vaso estaba todavía vacío. Mi padre dejó sus cubiertos sobre el plato.

—¿Y? —le preguntó mi padre—, ¿qué pasó con el rayo?

—Cayeron muchos rayos —continuó mi tío—. Era difícil dar clase con el ruido de la tormenta. Se veían relámpagos a todo nuestro alrededor —y se quedó nuevamente callado.

—¿Había muchos niños en la clase? —preguntó mi madre.

Y, como si esto fuera lo que necesitaba para continuar, mi tío prosiguió:

—Sí, por una vez, estaban todos presentes. Estaba muy abarrotado y hacía mucho calor en aquel cuarto pequeño. Y los niños estaban todos emocionados, como si se hubieran cargado de la energía de la tormenta. Y luego, ocurrió...

Nadie se movió ni dijo palabra, esperando oír lo que vendría luego.

—Yo ni siquiera oí el trueno, cuando el rayo cayó sobre un enorme mango junto a la escuela. Me desmayé al instante. Cuando me desperté, sentí un dolor intenso en el brazo. Mi reloj de pulsera se me había derretido en la muñeca. Pero no le presté atención. Todos los niños estaban tirados por el suelo. Cada uno de ellos...

—¿Muertos? —en la voz de mi madre había pánico.

—Eso es lo que pensé al principio cuando los vi. "Están muertos", me dije a mí mismo. "Todo porque vinieron a escuchar a un maestro que ni siquiera cree en su futuro." Pero, poco a poco, empezaron a moverse y a despertarse. Por suerte, ninguno estaba herido. Ni siquiera estaban asustados. Pero yo, yo estaba...

—Así que por eso es que no viniste en todo este tiempo —dijo mi padre, más a sí mismo que a mi tío.

—He estado trabajando en la escuela. Le pedí a un par de padres que me ayudaran a agrandarla. Y estamos construyendo algunos bancos más. También hicimos una pizarra más grande. Va a tomar algo de tiempo hasta que todo esté terminado. Hablé con una de las familias para alquilarles un cuarto, porque estoy convirtiendo mi viejo cuarto junto a la escuela en un taller de arte. Hay mucho que hacer, probablemente vendré sólo una vez al mes a buscar materiales.

Mi madre se sirvió un gran vaso de agua de coco. Y al llevárselo a los labios, un rayo de luz dorada entró por la ventana del comedor e iluminó el vaso. Parecía como si estuviera haciendo una ofrenda.

Samoné

∽

El cielo había estado cubierto de nubes oscuras durante todo el día. Yo estaba sentada en el quicio de la gran ventana que casi llegaba al piso, mirando la carretera y esperando la lluvia. ¿Habría una tormenta con rayos y truenos? Si era así, no me dejarían salir; pero si era sólo una pacífica lluvia tropical, me podría poner la trusa y correr afuera por el patio y el jardín, bajo los árboles. Me encantaba pararme bajo sus copas y dejar que la lluvia me cayera encima, deslizándose de sus hojas. ¡Qué fresca y fragante era el agua que caía de los limoneros y naranjos!

Justamente entonces vi al hombre acercárseme. Era alto y tosco, con una barba descuidada, grandes cejas pobladas y la piel curtida por el aire y el sol. Traía un saco al hombro y me sorprendió verlo acercarse a la casa. Cuando tocó a la puerta, me asusté. En lugar de llamar a mi madre o a una de mis tías, fui a buscar a mi padre.

—Necesito trabajo —fueron las primeras palabras del hombre—. Y sé hacer de todo: sembrar, desyerbar, alimentar las gallinas, cuidar los caballos, ordeñar las vacas.

Mi padre no contestó. Yo sabía que no necesitábamos a nadie. La Quinta ya no era una verdadera finca. Casi no teníamos animales y no necesitábamos a nadie para alimentar las gallinas y los pavos reales de mi abuela. Pero el hombre estaba decidido a decirnos todo lo que sabía hacer.

—Puedo hacer carbón de leña, y ustedes parecen tener bastante marabú.

Tenía razón. Los matorrales espinosos que podían convertirse en carbón de leña habían cubierto casi todos los terrenos sin cultivar de la finca.

—No les costará mucho. Sólo un lugar para vivir y algo de comer —dijo, y luego me miró. Y una inmensa sonrisa le iluminó la cara—, y sé bastantes cuentos para contarle a la niña.

Vi a mi padre devolverle la sonrisa. No estaba seguro de que le interesara hacer carbón de marabú, pero seguramente algo habría que el hombre pudiera hacer. Samoné se volvió parte de la familia.

Había dicho la verdad. El trabajo parecía ser su vida y todo lo que hacía lo hacía bien. Se levantaba antes del amanecer y, excepto por una pequeña pausa para tomar una taza de café y un rápido desayuno, trabajaba hasta la puesta del sol.

La finca empezó a mostrar el fruto de su cuidado. Donde antes sólo había habido malas hierbas, ahora había una huerta. Las gallinas parecían poner más huevos, satisfechas con la hierba recién cortada que él les traía del río. Había más pollos, más gansos.

Pero lo mejor de todo era que cada noche, después de comer, Samoné compartía con nosotros el talento que no había mencionado y el aire se llenaba de música. Se recostaba contra la pared en un taburete, una silla rústica con fondo y respaldar de cuero, y tocaba el acordeón. Aunque su voz usual era profunda y fuerte, nunca le oía cantar. En cambio, tarareaba muy bajito mientras tocaba el acordeón. Su instrumento cantaba por él: tangos melancólicos, dulces boleros, alegres polcas, habaneras encantadoras.

Y, así como durante el día trabajaba sin pausa, por la noche tocaba sin interrumpirse. Mientras mi madre me ayudaba a desvestirme y a ponerme la payama, mientras mi padre me contaba cuentos, mientras yo me quedaba quietecita en la cama, tratando de no dormirme para seguir escuchando la música que entraba por la ventana, bañada en fragancia de jazmines.

Samoné llevaba un par de años con nosotros cuando volvió a sugerir que podía hacer carbón de leña. Mi padre trató de disuadirlo, diciéndole que era mucho trabajo y además peligroso, que apenas valía la pena el esfuerzo. Pero Samoné estaba determinado a empezar sus propios hornos.

Para hacer carbón de leña, primero había que cortar las matas de marabú y luego limpiar las ramas espinosas, hasta que sólo quedaran los troncos, limpios como varas. Estas varas luego se colocaban como si fueran un tipi indígena. Cuando ya había varias capas de varas, se cubrían con tierra, dejando sólo una pequeña abertura para prender la madera. La madera dura se quemaba lentamente y, después de varios días, se había convertido en carbón.

Era importante que el carbonero vigilara el horno de carbón, día y noche. Algunas veces, si el horno no estaba bien sellado, se inflamaba. Otras veces, si la madera verde tenía mucha resina, explotaba. Samoné, sin embargo, nunca llegó a vigilar su horno.

Un día, mientras estaba cortando las espinosas matas de marabú, su machete se enredó en una rama rebelde, se le soltó de la mano y cayó sobre su brazo derecho, hiriéndoselo.

Faltaba poco para las Navidades cuando esto ocurrió. Mi madre y yo habíamos estado decorando el arbolito. Yo estaba sentada en la ventana de la calle, mirando a ratos el hermoso arbolito, y otros a un grupo de chicos que estaban empinando barriletes en el campo baldío al otro lado del camino.

De momento, Samoné llegó tambaleándose y casi se cayó. Iba dejando un rastro color carmesí.

—¡Mami! —grité, agradecida de que mi madre estuviera tan cerca.

Un carro que pasaba por el camino se detuvo para llevar a Samoné y a mi madre al hospital. Mientras se alejaban, ella iba sosteniéndole el brazo con toallas que se habían vuelto rojas como claveles encendidos.

Durante varias semanas, los dedos de Samoné, morados e inflamados, se asomaban al final de su brazo vendado. Sin poder trabajar, Samoné andaba como sonámbulo. Lo único que lo animaba un poquito era traer hierba fresca para las gallinas. Como no podía usar más que una mano, aquella tarea sencilla ahora le tomaba casi todo el día.

Yo tenía gran impaciencia por que le quitaran la venda. Pero cuando por fin se la quitaron, y la fea cicatriz le quedó al desnudo, Samoné descubrió que no podía conseguir que su mano respondiera. No podía cerrar los dedos, ni podía hacer que sostuvieran peso alguno.

Mi tío Medardito le dio a Samoné una pelota de goma y lo animó a que tratara de sostenerla, a que tratara de agarrarla con los dedos. Era tristísimo ver cómo la pelota se caía, una y otra vez. Samoné no se daba por vencido y se sentaba por horas en el portal con la pelota, pero se veía avergonzado y apenado de que la pelota se siguiera cayendo al suelo.

Desde el accidente, no se había vuelto a oír la música del acordeón por la noche. Ahora que el brazo ya no estaba vendado, el silencio de la noche me parecía todavía más triste. Empecé a ir al río con Samoné para ayudarlo a traer la hierba. Antes, cada vez que pasábamos tiempo juntos, me había contado cuentos sobre conejos listos y zorros malvados. Pero ahora todo lo que oía salir de su boca eran profundos suspiros. Era como si el propósito de su vida lo hubiera abandonado, como si se hubiera escapado por la mano que ya no podía usar.

Luego, Samoné empezó a desaparecer por las tardes. Nadie sabía adónde iba. Nadie decía nada, pero me daba cuenta de las miradas preocupadas de mi madre cuando empezó a desaparecer también a la hora de la comida. A veces, cuando no estaba, me parecía escuchar un eco de su música.

Y entonces, una noche, cuando ya estaba en la cama, la oí. Un poco tímida, y no tan brillante como antes, pero allí estaba, el hermoso sonido de una guajira, el dulce canto amoroso del campo cubano. Samoné, practicando tenazmente, donde nadie lo oyera, había encontrado el medio de volver a crear música.

Salté de la cama, me fui de puntillas al comedor, y miré al patio. Allí estaba, sentado algo torcido en su taburete, abriendo y cerrando el acordeón con las rodillas, mientras apretaba las teclas con la mano izquierda. Pero la música sonaba suave y clara, acompañada por el tarareo acostumbrado, mientras los rayos de luna, que se filtraban a través de las ramas de los frambo-yanes, brillaban sobre la sonrisa que iluminaba su cara.

La leyenda

∞

He amado siempre las leyendas y los cuentos de misterio. Había muchas leyendas sobre nuestra casa, la Quinta Simoni. La gente decía que había un tesoro enterrado allí, y que por las noches se veían fantasmas que trataban de encontrarlo. Algunos juraban que por las noches podían oírse los lamentos de los esclavos. Otros estaban convencidos de que habían visto el fantasma de Ignacio Agramonte, el patriota de la gran Guerra de los Diez Años, nuestra primera guerra por la independencia, que vivió por un tiempo en la casa, montando a caballo a medianoche. Nosotros sabíamos que lo que la gente creía que era un caballo blanco, era el arco blanco que se erguía detrás de la casa, cerca del río, en los antiguos jardines. En cuanto a los demás fantasmas, nunca los habíamos visto ni oído. Pero en una ocasión tuve la oportunidad de ver nacer una leyenda, aunque por supuesto cuando ocurrió no podía imaginarme que iba a pervivir como leyenda.

Nuestra casa se encontraba en las afueras del pueblo, lejos de toda otra casa, excepto por la casita pequeña de mi bisabuela. Al otro lado de la carretera, prolongación de la calle General Gómez, había un terreno baldío llamado Parque de La Habana. Salvo por el nombre, no tenía nada de parque; era sólo un terreno amplio y desnudo donde de vez en cuando pacía alguna vaca y donde los chicos venían a empinar barriletes. De noche, un par de débiles faroles apenas alumbraban la carretera frente a la casa. Por lo demás, la oscuridad era total.

La carretera se alejaba del pueblo con una gran curva; más allá estaba el cuartel del ejército. Un poco más lejos todavía había un reparto, una aldea de casitas humildes y bohíos. Para acortar su camino al pueblo, la gente que vivía en el reparto había abierto algunos trillos a través de los espinosos marabuzales que cubrían la mayor parte de los terrenos sin cultivar de la finca. Pero estos trillos pasaron a ser más que un atajo; uno o más ladrones habían empezado a usarlos por las noches.

Una noche, era una gallina; a la siguiente, la ropa dejada en los cordeles, una pala, un cubo, o una carretilla. Las cosas desaparecían constantemente, y parecía como si el ladrón o los ladrones fueran ganando confianza.

Los ladrones hicieron su agosto la noche después del Día de Reyes, una fiesta que se celebra el 6 de enero, cuando los niños cubanos reciben sus regalos. El reloj nuevo de mi tío Medardito, que había quedado en su mesa de noche, la bicicleta nueva de mi primo Jorge, mi nueva carriola roja que tanto había deseado, habían desaparecido.

—Es demasiado —todos estábamos de acuerdo—. Las cosas han ido demasiado lejos.

—Tenemos que parar estos robos —dijo mi tío.

—Pero, ¿qué vamos a hacer? —preguntó una de mis tías.

—Tengo una idea —propuso mi padre.

Su plan era que mi tío y él caminarían por los trillos a media noche hasta llegar cerca del reparto y allí disparararían algunos tiros al aire.

—Quizá esto espantará a los ladrones, haciéndoles saber que estamos armados.

Durante los próximos días, oí varias veces repetir el relato de los hechos que se habían desatado al poner en acción el plan de mi padre. Mi tío y él habían salido aquella noche. Y cuando se dirigían al reparto, se les unió Samoné, el trabajador de la finca.

Los tres se habían guiado con una linterna, no siempre logrando escapar de los espinosos marabúes. Cuando ya estaban a mitad del camino, mi padre sacó el revólver y disparó al aire. Para su gran sorpresa, Samoné empezó a gritar, imitando la voz de una mujer:

—Por favor, no me mates. ¡No me mates, por favor, te lo ruego!

Mi tío, entonces, le siguió la corriente, gritando:

—Sí, te voy a matar. ¡Prepárate a morir!

Y le hizo una señal a mi padre para que disparara de nuevo. Mientras tanto, mi padre estaba completamente confundido. Esto no era lo que había imaginado, pero siguió la sugerencia de mi tío y lanzó al aire unos cuantos disparos más, que Samoné acompañó con sus gritos.

Luego los tres regresaron corriendo a la casa, mi tío y Samoné dándose palmadas en la espalda, casi sin poder contener la risa, y mi padre enojadísimo con ambos.

—No son más que unos payasos —les dijo al regresar al patio. Y se fue a la cama, dejándolos disfrutar de su broma.

Ya por la madrugada, oímos toques insistentes en la puerta. Alguien golpeaba con todas sus fuerzas el tocador de bronce en forma de mano de la puerta principal. Se encendieron las luces, y mi padre abrió la puerta, mientras todos nosotros, medio dormidos, en payamas y ropones, nos asomábamos a ver qué ocurría.

En el portal había un grupo de hombres del reparto, con linternas y antorchas. Algunos tenían revólveres, otros machetes.

—¿No oyeron? —preguntó uno de ellos.

—Han matado a una mujer. Tienen que haber oído los disparos.

—¿Eran disparos? —mi padre simuló sorpresa.

—Creíamos que eran truenos —sugirió mi madre.

—Tenemos que encontrarla —insistió uno de los hombres.

—¿No vienen con nosotros?

Sus palabras parecían más una amenaza que una invitación.

Mi padre y mi tío se apresuraron a vestirse y a acompañar a los hombres. ¿Quién sabía cómo reaccionarían estos hombres armados si se enteraban de que lo que habían oído era sólo una broma?

Los hombres buscaron por los campos durante toda la noche, y durante varios días más. Abrieron trillos por el marabú en todas direcciones. Cuando decidieron que no iban a encontrar el cadáver de la mujer, empezó a crearse la leyenda.

Unos meses después de todo esto, nos mudamos de la casona a la ciudad. Vivimos en la ciudad por varios años, hasta que mi padre decidió abrir un camino y fabricar una casita, que llamamos la Quintica, junto al río, en los terrenos del antiguo invernadero de la vieja casona. Cuando trató de contratar a algunos de los hombres del reparto, ahora mucho más grande, ninguno quiso ayudarlo. "Es un lugar sagrado —decían—. Ésa es tierra santa."

Mi padre por fin desistió de convencerlos y trajo obreros del otro lado de la ciudad. Ya habían limpiado mucha de la tierra, cuando los sorprendidos obreros encontraron, en medio del campo de marabú, montones de los objetos usados tradicionalmente como ofrendas: cintas rojas, pomos llenos de centavos americanos, conocidos en Cuba como "quilos prietos", restos de gallos sacrificados… Mi padre, que siempre respetó las creencias de los demás, les pidió a los obreros que dejaran aquella área sin tocar, aunque sabía muy bien el origen de la "santidad" del lugar.

Más de veinte años más tarde, tuve la oportunidad de visitar de nuevo mi patria y de viajar a los sitios de mi niñez.

Los campos detrás de la casa habían cambiado mucho en esos veinte años. El terreno había sido parcelado y construido. No quedaba rastro alguno de los marabuzales.

Fui a visitar a la familia de nuestros antiguos empleados. Eran de otra región de la isla y habían empezado a trabajar con nosotros después que "la Quintica" se había construido y no sabían nada de la vieja broma.

Emilio, el padre, me invitó con mucho cariño a su casa. En la sala se alzaba un inmenso altar que cubría toda una pared. Flores, velas, ofrendas de frutas y múltiples imágenes de santos formaban una pirámide de colores brillantes.

—¿Sabías que esto es tierra santa, hijita? —me preguntó Emilio, sin tener en cuenta mis canas abundantes—. Hace años, una mujer muy santa vivía en esta tierra. La mataron porque no aceptó los requerimientos amorosos de un hombre. Como su cuerpo era santo, desapareció y nunca más se encontró. Desde entonces, se ha venerado su recuerdo.

Yo asentí sin decir palabra, aceptando en su fe en esta mujer ficticia la reverencia que merecen todas las mujeres y el recuerdo que merecen los innumerables seres humanos que realmente han sido víctimas. Aunque yo sabía la verdad de su historia, la validez de su fe era incuestionable.

Luego seguí a Emilio al patio, donde me enseñó con orgullo sus frutales: mangos, guayabas, chirimoyas, anones.

—Pero Emilio —le pregunté, aún más sorprendida—, ¿no era todo esto el lecho seco del río? Y, ¿no había un gran barranco detrás de tu casa?

—Lo rellené yo mismo —me dijo Emilio, con gran orgullo—. Durante años no me acosté un solo día sin traer unos cuantos cubos de tierra para echar en el barranco.

Mis ojos se pasearon lentamente sobre los árboles que, con increíble paciencia, Emilio había plantado, llenando poco a poco, cada año, el viejo cauce seco del río. Y entonces comprendí que, verdaderamente, esta tierra era sagrada, bendecida por el milagro de la fe humana y la perseverancia.

Canelo

Acababa de escampar. Iba a pedirle permiso a mi madre para salir a jugar cuando vi el perro. Era el animal más flaco que hubiera visto nunca. Las costillas parecían salírsele a través de la piel. La sarna le había hecho caer el pelo, de modo que parecía haberse revolcado en cenizas. Pero lo más triste era verlo arrastrar una de las patas traseras, que le colgaba negra y sin vida, como un carbón apagado.

—Papi, ¡cúralo! ¡Cúralo! —grité corriendo a buscar a mi padre—. Por favor, ayúdalo a ponerse bien.

Al oír mis gritos, mi madre, mis tías y mi tío se asomaron a ver lo que pasaba.

—¡No vayas a acercarte! ¡Tiene sarna! —advirtió alguien.

—¡Pobre animal! Lo único que puede hacerse es sacarlo de su miseria.

—Sí. Vamos a hacer que deje de sufrir —añadió alguien más.

Pero yo seguía gritando.

—¡Ayúdalo, papi! ¡Por favor, ayúdalo!

Y mi padre, apretándome la mano para darme confianza, me aseguró:

—Lo vamos a curar.

La curación no fue nada fácil. Mi padre trajo un trozo de soga y se la ató al cuello. El animalito se dejó guiar, no sé si calmado por la voz serena de mi padre, o porque ya no le quedaban fuerzas para protestar.

Mi padre lo amarró al grueso tronco de un caimito, detrás de la cochera, que quedaba a mitad de la alameda de framboyanes. Le untó el cuerpo con una mezcla de aceite y azufre. El perrito temblaba, pero no lanzó ni un aullido. Las moscas levantaron vuelo y la pata rota ya no aparecía negra sino blancuzca y a trechos enrojecida.

—Tiene gangrena —dijo mi padre con una voz grave—. Sólo se salvará si le amputo la pierna.

Mi madre trajo algodón, trapos, gasa y una botella oscura. Los trapos empapados en cloroformo durmieron al perrito. Mi padre amputó la pata gangrenada con gran precisión, como si fuera cirujano, en lugar de agrimensor, y luego vendó el muñón con cuidado.

—Todo dependerá de si se arranca la venda o si se la deja hasta que cicatrice —dijo, y fue a desinfectarse las manos.

Nunca ha habido un paciente más cooperativo. El perrito nunca se tocó el vendaje. De hecho, casi no se movía, sólo cambiaba de posición debajo del árbol, moviéndose sólo lo necesario para mantenerse en la sombra. Sólo se animaba cuando mi padre le ponía delante una jícara con sobras de comida.

A mí me tenían prohibido acercarme. Compasiva y temerosa a la vez, lo observaba desde lejos. Traía mi muñeca a visitarlo y jugaba mis juegos de niña sin hermanos tan cerca como podía, pero sin traspasar nunca la distancia señalada por mi padre.

El perro, echado sobre las hojas de caimito, me miraba saltar la suiza; o trazar un caracol en el polvo, con un palito, y luego saltar dentro de él, a pie cojita. Poco a poco le fue saliendo pelo y se le borraron los lamparones de color ceniza. Ya no se le veían las costillas. Y cuando mi padre le quitó por fin la venda, el muñón había sanado.

Ya para entonces habíamos empezado a llamarlo Canelo. Y no cabía duda de que se iba a quedar en la Quinta.

Una vez que lo desataron, me seguía trotando, siempre un poquito a la distancia, acompañándome, pero sin acercarse, sin entrometerse en mis juegos, así como yo lo había acompañado desde lejos mientras sanaba.

Pero con mi padre, ¡qué diferencia! Tan pronto como mi padre se bajaba de la guagua, el autobús que paraba frente a la Quinta, Canelo se le acercaba corriendo, desde el rincón más lejano de la finca, sus tres patas corriendo más que si fueran cinco. Y batía el rabo con energía de bongosero tocando una rumba.

Muñecas de trapo

⟳

Mi bisabuela Mina era diminuta, como si el tiempo no sólo la hubiera arrugado sino también encogido. No era mucho más alta que los arbustos de jazmín y los rosales que cuidaba en el jardín de su casita cercana a la Quinta. Como las pasas que regaba generosamente en nuestro arroz con leche, oloroso a canela y clavos, su cuerpo arrugado estaba lleno de dulzura.

Cuando no estaba en la cocina o en el jardín, se sentaba en un balance a coser. En sus manos, los retazos de tela se convertían en "sábanas de gato", colchas multicolores de varios tamaños. Las mayores eran regalos de boda para sus muchas bisnietas; las pequeñas, regalos de bienvenida para sus nuevos tataranietos.

Pero los mejores retazos los guardaba para sus muñecas. Cuando la luz dejó sus ojos y sus pupilas se cubrieron con una gasa gris, empezó a pasar menos tiempo en la cocina y en el jardín. Como no podía ver para coser los trocitos de tela, tuvo que dejar de hacer colchas y en cambio empezó a tejer a croché. Pero su ceguera no le impidió seguir haciendo muñecas de trapo. Sus dedos, que habían creado muñecas por tanto tiempo, eran capaces de formar las cabezas, de trenzar la lana para el pelo, de crear el cuerpo y los brazos.

Como ella no podía ver los colores, yo la ayudaba a separar los verdes y los azules y rojos que se convertirían en las largas faldas y los brillantes pañuelos en las cabezas.

Me preguntaba:

—¿Este trozo aterciopelado es negro? ¿Me puedes encontrar uno de un hermoso color café?, ¿chocolate cremoso?, ¿de color de almendra tostada?, ¿canela brillante?

Y así, las muñecas recibían caras que recordaban las de los niños de la vecindad.

Una vez a la semana, su hermana Genoveva venía a visitarla desde La Vigía, al otro lado de la ciudad, y en cada muñeca bordaba los oscuros ojos redondos, los labios, los dos puntos que hacían la nariz.

Las muñecas se sentaban en el alféizar de la ventana, cuatro, cinco, seis a la vez. Las niñas que pasaban por la calle, algunas cargadas con latas de agua que sus madres necesitaban para lavar la ropa, otras cargadas con sacos de carbón de leña para cocinar, y halando a un hermanito o hermanita de la mano, echaban un vistazo a la ventana para ver si las muñecas habían cambiado desde la semana anterior. O quizá, por la tarde, libres ya de tareas, saltando en un pie o brincando una cuerda desgastada, miraban hacia la ventana y sonreían.

Cada vez que se acercaba un cumpleaños, las madres llegaban a tocar la puerta de Mina, trayendo en las manos un raído pañuelito con monedas atadas en una esquina.

—¿Cuánto vale la de la falda roja? —preguntaban—. Y, ¿cuánto vale la bonita de las trenzas?

Encogida en su balance, mi bisabuela, ciega, sabía. Sabía cuándo decir veinticinco centavos, treinta, cuarenta, para reconocer la dignidad de la mujer, para darle la alegría de dar. También sabía cuándo decir: "Me encantaría que Marisa la tuviera. Va a cumplir los siete, ¿no es cierto?" Y entregársela a la madre diciendo: "Basta con que me guarde unos retazos; ya haré otra".

Algunas veces, una madre joven, gastada por las largas horas de lavar ropa y hervirlas bajo el sol, de cocinar en fogones hechos con latones de manteca vacíos, llegaba a casa de mi bisabuela, diciendo solamente:

—Le traje unas naranjas, o mangos, o un poco de berro.

Y mi bisabuela cerraba sus ojos ciegos por un momento, concentrándose, antes de decir:

—Ah, sí, Manuelita va a cumplir pronto los cinco, ¿verdad? Ya va siendo hora de que tenga su propia muñeca, ¿no es cierto? ¿Ves alguna que te gusta?

La madre levantaría su mano para cubrirse con vergüenza la sonrisa desdentada. Y la muñeca dejaría su lugar en el alféizar de la ventana, y se iría envuelta en el mismo trozo de periódico que antes cubría la ofrenda dorada, roja o verde.

Matemáticas

~

Mi bisabuela Mina nunca fue a la escuela. Nunca aprendió a leer ni a escribir. Y nunca estudió las tablas de multiplicar.

Cuando me oía tratando de aprenderme de memoria: tres por tres, nueve; tres por cuatro, doce, decía: "Pero, por Dios, mi niña, ¿qué haces? ¿Te quieres parecer a mi Cotita?" Cotita era su cotorra verde, colgada de un aro en su cocina.

A medida que se volvió más anciana y más frágil, Mina pasaba casi todos los días en la cama. Había tenido cinco hijas y un hijo antes de que mi bisabuelo la abandonara. La fortuna les había sonreído de distinto modo a sus hijos. Dos de ellos se volvieron hacendados, como su padre; dos vivían en pobreza extrema, mientras que los otros dos vivían bien, sin ser ricos. Y cuando estos seis hijos tuvieron a su vez los suyos, la diversidad en sus vidas se volvió aún mayor. Pero todos tenían en común

el amor por la viejecita desgastada que vivía con gran simplicidad en la casita pobre, cercana a la nuestra, con su séptimo
hijo, un hijo nacido mucho más tarde de distinto padre.

Todos sus hijos, ricos y pobres, venían a verla a
menudo. Y porque había tantos nietos y bisnietos, alguien
venía de visita cada día. Rara vez venían con las manos vacías y
los regalos reflejaban la condición de quien los traía.

Mi bisabuela Mina recibía a cada uno como si fuera la
persona más importante del mundo, como en realidad lo era
para ella en ese momento. Contaba chistes, recordando siempre quién se los había contado a ella. Y le daba al visitante
todas las últimas noticias de los miembros de la familia. Así
que, aunque sus hijos tenían vidas aparte, ella era el eslabón
que los unía. Pero sobre todo le gustaba escuchar y sabía conseguir que cada quien le contara lo que para él o ella era de
verdadera importancia.

Mina recibía los regalos con gran júbilo y una sonrisa traviesa. Se alegraba igual con un manojo de flores sil-
vestres, que con una naranja, un par de chinelas, un chal o
unas toallas. Señalaba a su armario: "En la segunda tabla a la
izquierda —decía con instrucciones precisas como si sus
ojos ciegos pudieran ver— allí hay una lata de meloco-
tones". O explicaba: "En la gaveta de más arriba, a la
derecha, hay una caja de pañuelos".

Y así, la bisnieta pobre que vino con unas cuantas
naranjas, se iba a casa con medias nuevas. La hija cansada que
había traído un pomo de jalea de guayaba hecha en casa, se iba
con un chal o con un sobre que ayudaría a pagar el alquiler

ese mes. Y el hijo rico recibía una naranja de regalo, todo dado con la mayor simplicidad y la más grande alegría.

Mi bisabuela Mina, que nunca fue a la escuela, que no sabía leer y que nunca estudió las tablas de multiplicar, pero que se acordaba de la fecha del cumpleaños y de la edad exacta de siete hijos, treinta y cuatro nietos, setenta y cinco bisnietos y algunos tataranietos, sabía un tipo de matemáticas distinto al de las áridas tablas que yo me aprendía de memoria. Sabía cómo sumar y restar, cómo aceptar y dar y compartir para que el resultado de la cuenta fuera el amor.

El heladero

En casa nos recordaban la guerra, la Segunda Guerra Mundial, sobre todo durante las comidas: "Antes de la guerra —decían mis padres o mis tías— había mucha mantequilla. No teníamos que hacerla".

Mi madre guardaba la nata que subía a la superficie cada vez que hervía la leche fresca, añadiendo un poquito cada día a la jarra que guardaba en el refrigerador. Una vez a la semana, me dejaba batir la crema con una cuchara de palo en un gran bol hasta que se volviera mantequilla. Cuando me empezaban a doler los brazos de cansancio, lavaba la mantequilla con agua helada, para separar el suero. La mantequilla que hacíamos era blanca, no amarilla, pero a mí me sabía fresca y deliciosa. No extrañaba la otra, que ocasionalmente había probado, y no me parecía que ninguna mantequilla pudiera saber mejor que la nuestra.

Los adultos también se quejaban de la falta de azúcar refinada, tan abundante, decían, antes de la guerra. A mí me encantaba el azúcar prieta. Muchas veces, como merienda, mi madre hacía un agujero en un pan y lo llenaba con azúcar prieta. Me parecía un gran deleite.

La guerra era algo lejano y distante, una palabra vacía para una niña a quien le encantaba la mantequilla hecha en casa y el azúcar prieta, y que pensaba que era divertido recolectar los envoltorios de aluminio de los bombones que a veces mis tías traían a casa después de ir al cine.

Las otras cosas que mi madre y mis tías lamentaban —la falta de cosméticos y de medias de nailon— me significaban todavía menos. Y en cuanto a tener que guardar los trozos de jabón —el jabón de olor que usábamos en el baño, el áspero jabón amarillo que usábamos para lavar ropa y para fregar— yo lo consideraba muy divertido. Los remanentes se derretían juntos en una lata, que luego producía una barra de múltiples colores y usos, con la forma de la misma lata. Hasta hoy recuerdo el olor del jabón hirviendo, y colecciono los jaboncitos que ponen en los hoteles que visito, como recuerdo de aquellos días tempranos.

Aunque la carencia de mantequilla y jabón durante la guerra no me importaba, la guerra me mostró su verdadero rostro horrible en la escuela. Yo iba a una de las dos escuelas estadounidenses que entonces había en mi ciudad, el Colegio Episcopal de San Pablo. Usábamos un uniforme de un horrible color mostaza, y los alumnos de las dos escuelas católicas cercanas se burlaban sin piedad de nosotros. Pero nuestros padres estaban encantados de que pudiéramos aprender inglés y recibir una educación bilingüe, así que allí íbamos. Durante muchos días, los maestros nos habían prometido que nos iban a regalar libros de muñequitos que podríamos llevarnos a casa. Estábamos impacientes por recibirlos. Los muñequitos, o tiras cómicas en colores, aparecían sólo en el periódico del domingo, y eran algo que esperábamos toda la semana. Un libro completo de muñequitos era algo desconocido y difícil hasta de imaginar. Pero cuando por fin aparecieron, lo que nos dieron no era nada divertido.

Algunas de mis compañeras deseaban que los muñequitos fueran de Blondie; otras querían el Pato Donald o el Ratón Miquito; algunos de los chicos esperaban que fueran aventuras de Tarzán o de vaqueros. Secretamente yo deseaba el Príncipe Valiente. Pero en lugar de los muñequitos que tan bien conocíamos por el periódico, los que nos dieron mostraban la lucha en el océano Pacífico. Los japoneses aparecían como criaturas enanas y monstruosas, pintadas de un amarillo brillante, con ojos desproporcionadamente oblicuos que hacían que sus caras parecieran máscaras feroces.

Yo sólo había conocido a un japonés en mi vida. Era de hecho diminuto, aun para mis ojos infantiles, pero no era amarillo y sus ojos almendrados eran brillantes y serenos. Empujaba un viejo carrito de helados a través de la ciudad, yendo a un barrio distinto cada día, como para darles a todos la oportunidad de probar los deliciosos sabores de sus helados: piña, coco, chirimoya y más.

Mis padres raramente me dejaban comer nada que vendieran los muchos vendedores callejeros.

—Está hecho con agua impura. Puedes coger enfermedades terribles del agua impura —decía mi padre con una voz que no admitía discusión. Pero siempre me dejaban comprar helados del heladero japonés.

—Él hierve el agua —decía mi madre—. Se asegura de que lo que venda sea puro.

El helado del heladero japonés era distinto de todos los demás helados de las tiendas o restaurantes. Era más ligero, y en lugar del sabor empalagosamente azucarado tan prevalente en los postres cubanos, poseía sólo la dulzura natural de las mismas frutas. A mí me parecía como si la esencia de las frutas se hubiera vuelto ligera y fría, pero sin dejar de ser fruta.

El heladero japonés servía su helado de manera diferente también. Para él era casi un arte. En lugar de llenar un vasito de papel, o poner una bola de helado sobre un barquillo, lo untaba gentilmente, muy parejo, con una espátula, sobre un barquillo redondo y plano. Luego lo cubría con otro barquillo igual, creando un grueso emparedado que vendía por un medio, una moneda equivalente a cinco centavos.

Para quienes no pudieran gastarse todo un medio en helado, tenía pequeños botecitos de barquillo. Los más grandes costaban dos centavos, los más pequeños, sólo uno. Los llenaba cuidadosamente de helado, rellenando los botecitos hasta el tope, y luego añadiendo siempre un poco más encima.

Pero a menudo, aun un centavo era demasiado dinero para muchos de los niños de Camagüey. Por cada niño que podía comprar helado había dos o tres que se quedaban mirando, observando el proceso cuidadosamente, deseando poder ellos también probar la fría frescura: coco, plátano, guayaba.

El heladero echaba una mirada rápida a su alrededor para asegurarse de que no había adultos mirándolo, de que su acto de gentileza no sería observado. Y luego levantaba la tapa de la caja de madera al frente del carrito donde guardaba los barquillos y sacaba algunos trozos partidos. Le ponía un poquitín de helado a cada trozo y, silenciosamente, se los alcanzaba a cada uno de los chiquillos expectantes, con apenas la insinuación de una sonrisa. Luego, cerraba la tapa y continuaba empujando el viejo carrito por las calles.

Nunca gritaba: "¡Helado! ¡Heladeeero!", como los otros heladeros bulliciosos. No tocaba una campana, ni un silbato. Sin embargo, de algún modo siempre sabíamos cuando estaba en la vecindad.

Después que miré los muñequitos que me habían regalado, los muñequitos que mostraban las odiosas caras amarillas, los rompí página a página, sintiendo tristeza y vergüenza. "¿Cómo podría ser —me preguntaba— que hubiera quienes se odiaran tanto que pudieran pelear y matarse unos a otros?" No quería que nadie más viera los pequeños monstruos amarillos, porque en mis pocos años yo había conocido a un japonés de verdad, y él había traído una fragante frescura, y sobre todo generosidad, a las calles de mi ciudad.

Las fiestas de San Juan

∞

"¡Mono viejo! ¡Frijolito! ¡Pata'e queso! ¡La ba-
yoya y su abuela de cebolla!", gritaban los
muchachos persiguiendo por la calle a un hombre vestido de
pies a cabeza de tela floreada, con sólo un par de agujeros para
los ojos y otros para la nariz y la boca.

Al oír a los muchachos, el mono viejo se daba la vuelta.
Los múltiples cascabeles de su disfraz repicaban ferozmente,
mientras él amenazaba a los chicos con un largo y grueso rabo,
una soga forrada con la misma tela del traje y cubierta de cascabeles aún más grandes.

Los chicos se dispersaban gritando, corriendo cada uno
en una dirección distinta, refugiándose en portales y callejones.
Y el mono viejo seguía dando saltos y cabriolas por las calles
de la ciudad hasta que otro grupo de chicuelos reuniera el
coraje para gritarle de nuevo: "¡Mono viejo! ¡Frijolito!"

Eran las fiestas de San Juan, el carnaval camagüeyano, que duraría todo el mes de junio, culminando el día 29. En Cuba, como en muchas partes de España e Hispanoamérica, cada pueblo celebra las fiestas patronales en su propio día, el día del santo patrón. En Camagüey el día más importante era el de San Juan, el 24 de junio, pero, puesto que el día 29 de junio es un día muy especial, la fiesta de San Pedro y San Pablo en la tradición católica, y era sólo cinco días después, las fiestas se extendían hasta el 29 de junio.

Ya a principios de mes la ciudad empezaba a cambiar: el ladrillo y el cemento florecían. Los vecinos se disputaban el adornar y decorar su calle mejor que los demás. Y surgían los arcos triunfales de penca de palma y floridos gajos de framboyán. En algunos barrios, los chicos detenían los autos que pasaban, cruzando una soga a través de la calle, para solicitar donaciones para la decoración. Y no faltaban calles en que los encendidos gajos de framboyán y el verdor de las palmas fueran sustituidos por flores de papel y guirnaldas de luces de colores.

Todo era posible durante las fiestas de San Juan. En un pueblo donde todo el mundo conocía a los demás, donde las reglas sociales eran rígidas y estrictas, y donde ningún acto pasaba desapercibido, en este mes del año todo estaba permitido. Los hombres se vestían de mujer y todo el mundo podía satisfacer su fantasía de ser pirata o princesa, dama cortesana o paje, Supermán o Tarzán, arle-

quín o reina. Era frecuente ver que la gente pálida deci-
diera volverse negra durante el carnaval, como si por una
vez necesitaran reconocer su escondida y negada herencia
africana. Quienes no tenían una fantasía favorita y cuyo
único propósito era divertirse, se disfrazaban de mama-
rrachos. Para esto, lo único necesario era ocultar toda
posible seña de identidad. Y el pelo desaparecía detrás
de medias de nailon, las manos dentro de calcetines, el
rostro detrás de una careta o quizá de una nariz postiza
y una capa de maquillaje. Todo se valía en tanto que
nadie, ni siquiera la madre del mamarracho, pudiera
reconocerlo. Cambiando la voz, el mamarracho entonces
podía aparecerse en casa de amigos o vecinos, reírse y
bromear con todos los transeúntes, coquetear con seño-
ras respetables y burlarse de los dignos miembros del
Colegio de Profesionales, los señores que podían añadir
el título de doctor a sus nombres y que se sentaban
pomposamente en su club.

Durante las noches de paseo, salían carrozas por
el centro de la ciudad, seguidas de antiguos coches de
caballos traídos por ferrocarril de todos los rincones de
la isla especialmente para la ocasión. Al paseo se unían
también camiones en cuya cama se hacinaban grupos
bulliciosos que tiraban confeti y serpentinas a los
espectadores que llenaban las aceras.

De tramo en tramo, el paseo cobraba aún mayor
vida con las comparsas en las que grupos de veinte, de

cuarenta, o de sesenta personas coordinaban el paso y el movimiento de las farolas. Al pasar las comparsas, moviéndose con los pasos intrincados de las danzas, la gente, parada en las aceras, en las puertas de las casas, en las ventanas, bailaba en su sitio, dejándose arrastrar por la música. Y movían hombros, cintura y caderas, marcando el paso e incluso cantando con ellas:

> *Mírala, ¡qué linda viene!*
> *Mírala, ¡qué linda va!*
> *La comparsa Maravillas*
> *que se va y no vuelve más.*

Y seguían pasando carrozas, coches y camiones cargados de disfrazados. Y llegaba otra comparsa. Los brazos, con mangas de volantes, levantaban en alto las farolas, y todos en la comparsa y en las aceras, hombres y mujeres, padres e hijos, abuelos y nietos, cantaban:

> *Al carnaval de Oriente no voy.*
> *En Camagüey, ¡se goza mejor!*

El paseo iba llegando a su fin. Pero, ¡qué final! Era el momento de las congas. Arrollando, a compás del cuero de bongoes y tumbadoras, se acercaban las congas. Grupos de gente bailando juntos, pero no en coreografías, como las comparsas, sólo juntos. Las primeras tenían todavía un parentesco muy cercano a las comparsas que las habían precedido. Y su música rítmica podía cantarse:

Uno, dos y tres
¡qué paso más chévere!
¡Qué paso más chévere
el de mi conga es!

Al tambor mayor delante
nadie lo puede igualar
con el ritmo fascinante
de mi Cuba tropical.

Pero muy pronto, todo símil de orden desaparecía. Lo que arrollaba por las calles era el pueblo. Quizá todavía con algún bongó, alguna tumbadora, pero ahora más que nada bajo el ritmo persistente, hipnótico del hierro contra el hierro, antiguas ruedas de automóvil golpeadas con trozos de cabillas.

Mientras el majestuoso río humano inundaba las calles con sus ritmos poderosos, todo lo que había aparecido antes era apenas preludio. Las damas antiguas de empolvadas pelucas, la reina y sus damas, los arlequines, la falsa fuerza de los improvisados supermanes, todo desaparecía, sólo primaba en las calles el recuerdo de selvas y de ríos, de ancestrales ritos de caza, de la siembra, del matrimonio, ritos ignotos y olvidados, pero latentes en la sangre que ahora circulaba aceleradamente al compás de las congas. Sangre que nunca sería mía sola, sino nuestra, sangre que correría no sólo por mis venas, sino por las de todos, una, conectada de nuevo a sus raíces, a sus poderosas raíces vigorosas, en un tiempo vergonzosamente esclavizada, ahora libre, redimida por el poder de este ritmo acuciante, libre y digna, ahora y para siempre.

Despedida

∞

Hija del campo y del aire libre, nuestra mudanza a la ciudad fue muy difícil para mí. Como una planta transplantada a una maceta demasiado pequeña, carente de sol y lluvia, me mustié. Pero cuando las congas arrollaban por las calles de la ciudad, medio escondida detrás de la puerta, temerosa de la fuerza de los tambores, desperté al eco de su ritmo en mi sangre.

Mientras observaba a la muchedumbre pasar de unas cuantas docenas a varios cientos de personas golpeando los tambores de cuero o de acero, comprendí que mis raíces llegaban muy hondo.

Algunas de ellas vinieron de España, de la cual mi abuelo Modesto se escapó en un barco y que mi abuelo Medardo abandonó cuando no pudo casarse con la prima que adoraba. Pero mis raíces también se hunden muy profundamente en la tierra cubana, hasta los siboneyes cuya voz resuena en el nombre de la ciudad donde nací, Camagüey, del río Tínima de mi niñez, cuyo espíritu indomable permanece en las esbeltas palmas reales. Y mis raíces van hasta África, a la tierra del ritmo capturado por los tambores, la tierra donde las ceibas majestuosas elevan sus ramas sagradamente hasta el cielo.

Estas raíces me alimentaron, los troncos que nacieron de ellas me animaron a trepar alto, a observar el mundo desde la altura de sus ramas.

Mi padre me construyó una casita en las ramas de un algarrobo que crecía junto al río. Desde allí podía, si me quedaba tan quieta como las garzas, observar cómo las jicoteas salían del agua a solearse en las rocas. Podía observar las ranas saltando para cazar moscas y las biajacas brillando bajo el agua. El mundo del río estaba allí, bajo mis ojos.

Desde la seguridad de mi hogar también podía observar el mundo que me rodeaba: los vendedores ambulantes, los mendigos, la gente de la calle; cada una, una vida, una historia por contar.

Ahora, mientras escribo estas líneas el otoño llega a las montañas en el norte de California, donde hoy vivo. Las hojas se vuelven amarillo brillante, rojo profundo; yo absorbo sus colores. En algún momento una hoja llamará mi atención, quizá porque su forma es perfecta, o su color intenso, y la recojo y la traigo a la casa. Y, de algún modo, es como si con esa hoja hubiera traído todo el bosque a mi escritorio.

Así pasa con estos cuentos. Hay muchos más colgando en las ramas de los árboles de mi infancia. He recogido unos cuantos, deseando darte a probar aquellos días endulzados por mangos y guayabas, perfumados por la fragancia de los azahares, avivados por las ramas floridas de los framboyanes.

Glosario

abarrotado lleno
anón fruta tropical
balance mecedora
barrilete papalote, cometa, chiringa
biajaca pez de río
cabilla barra de hierro
caimito fruta tropical
carriola patineta
chirimoya fruta tropical
empinar elevar, remontar, encampanar (un papalote)
farola farol o lámpara de papel
guagua autobús, ómnibus, bus, camión (México)
guano hoja de palma usada para tejer sombreros, cestos, etc.
jicotea tortuga de agua dulce

marañón cajuil
melocotón durazno
pizarra pizarrón
quinta casa de campo, hacienda
saltar a la suiza saltar la cuerda
saltar a pie cojita saltar en un pie
siboneyes indígenas de las Antillas
trusa traje de baño
tumbadora conga, tipo de tambor